Secretos
del Marketing
de Afiliados

*101 Tips para ganar más dinero vendiendo
productos de otras personas*

Richard A. Osterude

Para mi bella esposa Marielos,
Por todo su amor, paciencia y apoyo incondicional en todos estos años.
Que Dios nos de larga vida para compartirla juntos.

Para mis hijos Ricky y Alex,
Que son la luz que ilumina mi escritorio por las noches y mi razón de
levantarme cada mañana.

A todos los participantes de mis cursos,
Quienes se esfuerzan cada día por salir adelante y hacer de esta una mejor
vida para ellos y sus familias y quienes han comprobado que con deseo,
pasión y ACCION los sueños se pueden alcanzar.

Tabla de Contenido

Introducción

¡Bienvenidos a *"Secretos del Marketing de Afiliados"*

Estoy muy emocionado con este proyecto. Y si tú te dedicas al marketing de afiliado y quieres ganar más dinero, ¡entonces en tan solo unos momentos te emocionaras tanto como yo!

Esto es porque –

¡Este libro revela 101 tips de marketing de afiliado que puedes usar para atraer más tráfico, construir tu lista y hacer más ventas!

Cubriremos tips en las más grandes áreas del marketing de afiliados, incluyendo:

- Escogiendo tus Productos
- Creando un Canal de Ventas
- Reforzando tus Conversiones con Pre-Ventas
- Utilizando los Blogs para Obtener Comisiones mas Grandes
- Vencer a tu Competencia
- Ganar aun más Dinero con el Marketing por Afiliados
- Probar y Rastrear tus Campañas
- Usando el Contenido para Obtener el Máximo Impacto
- Creando Comunidades para Construir Relaciones
- Encontrando a sus Clientes fuera de la red
- Afilando tus Habilidades de Escritura
- Usando las Alianzas para Reforzar tu Ingreso por Afiliaciones

Pocos minutos después de haberte sumergido en este reporte comenzaras a tener visiones de signos de dólares bailando en tu cabeza.

¡Y para cuando lo hayas terminado, estarás frotándote las manos en anticipación a grandes cheques futuros!

Así que vamos a comenzar…

Escogiendo tus Productos

Ganar dinero como afiliado no se trata únicamente de hacer marketing. También se tienen que escoger productos rentables. A continuación te decimos como...

Tip #1: Escoge productos con registros de ventas comprobados. Si estas escogiendo productos en Clickbank.com, entonces escoge aquellos que están en los primeros lugares de sus categorías (por ejemplo, los más vendidos) y aquellos que tengan números de gravedad altos (entre cerca de 75 y 150). Adicionalmente, pregúntale al proveedor acerca de sus tasas de conversión y de reembolsos.

Tip #2: NO escojas productos basándote únicamente en su precio. Precio alto, mas porcentaje de comisión alto, es igual a ganancias altas, ¿verdad?

NO siempre.

Algunas veces puedes usar productos de bajo precio para atraer a nuevos clientes a tu canal de ventas. Así que agrega unos cuantos productos con precios entre los $5 y los $50 en tu mezcla -¡te puedes llevar una sorpresa cuando veas la impresionante tasa de conversión y el número de clientes nuevos!

Tip #3: Selecciona productos relevantes. Si estás haciendo transmisiones en vivo de tu lista, puedes vender todos los tipos de productos que quieras. Pero si estas vendiendo usando estrategias de largo plazo como el blogging o el marketing con artículos, entonces considera escoger productos "relevantes."

Estos son productos que fueron importantes el año pasado, este año, y que lo serán también en el futuro próximo. Y esto significa que puedes ganar dinero con estos productos años después de que enviaste el artículo a los directorios de artículos.

Ejemplo: Un libro que les enseña a los mercadólogos como escribir una buena carta de ventas es relevante, debido a que estas "reglas" básicas de la escritura han existido desde que los humanos comenzaron a anunciar productos. Por otro lado, un libro sobre como optimizar páginas de internet para Google NO es relevante, debido a que los algoritmos de los motores de búsqueda cambian con frecuencia.

Tip #4: **Revisa si tienes fugas en tu página de ventas.** Algunas veces los proveedores piensan en sus propias ganancias y se olvidan de que su estrategia daña a sus afiliados. Por ejemplo, un proveedor en Clickbank.com que pone botones de pago de 2Checkout.com o que anima a sus clientes a llamar para colocar sus pedidos le está robando comisiones a sus afiliados.

Puedes evitar esto con solo ver la pagina de ventas (y proceso de ventas) antes de convertirte en un afiliado. Aquí están las fugas más comunes en las páginas de ventas:

- Diferentes opciones de pago que no le dan crédito al afiliado.

- Opciones de ofertas que, cuando se escogen, anulan las cookies del afiliado (y el afiliado pierde la comisión).

- Anuncios de Google AdSense en la página de ventas.

- Ligas a otros productos en la página de ventas.

- Los prospectos se agregan a una lista de correos que los re direcciona a una página de ventas que no le da crédito al afiliado.

Tip #5: **Ten cuidado con proveedores dudosos.** Usualmente las fugas en las páginas de ventas mencionadas en el tip anterior son errores que cometen vendedores honestos. Cuando tú les haces notar el error, lo corrigen inmediatamente.

Sin embargo, también hay algunos vendedores deshonestos quienes usan métodos de comisión alternos a propósito, usan software de rastreo defectuoso, u otros trucos para robarte tu comisión. Ciertamente, algunos vendedores incluso hacen cosas como falsificar reembolsos para que tu cuenta de afiliado no muestre que se te debe algún dinero.

Para protégete de este tipo de vendedores, siempre haz negocios con gente conocida y respetable en tu nicho. Y si consideras trabajar con alguien nuevo, entonces haz una búsqueda de su nombre, direcciones de correo electrónico, sitios web, y productos en Google para asegurarte de que tiene un sólido historial en línea. Si encuentras un patrón quejas de consumidores, O de los afiliados, entonces mejor busca otro proveedor.

Tip #6: **Usa sistemas de rastreo de afiliados confiables.** Algunas veces los proveedores instalan sus propios códigos de rastreos en sus sitios.

Si estas 100% seguro de que el proveedor es honesto - y si otras personas que han usado este código reportan buenos resultados - entonces puedes considerar unirte a estos programas de afiliados. Si no es así, usa solo programas de afiliados confiables con los que estés seguro de que tus ventas se rastrearan y de que te pagaran por ellas, tales como Amazon.com y Clickbank.com.

Tip #7: **Busca productos que tengan comisiones altas.** Las comisiones varían según lo que estés vendiendo.

Ejemplo: vender productos físicos (como computadoras) puede darte una comisión tan baja como un 5%. Pero si estas vendiendo productos digitales, entonces normalmente puedes esperar hasta un 40% de comisión, con un 50% siendo el promedio de comisiones. Sin embargo, algunas veces te podrás acercar hasta un 100% de comisión con productos descargables.

Si encuentras un producto digital que ofrece una comisión del 25% - y que el producto no necesite servicio personal a nombre del proveedor (tal como instalación de software o entrenamiento personal) - entonces no lo tomes. Probablemente puedas encontrar productos similares que paguen por lo menos el 50% de comisión.

Tip #8: **Busca PRIMERO un buen nicho…y después busca un producto para promover.** Algunos mercadólogos principiantes tropiezan con productos que ofrecen promesas de altas comisiones y grandes ganancias potenciales. Pero cuando colocan el producto en el mercado, se dan cuenta de que hay muy poca demanda para un video de instrucción sobre "cómo hacer" para granjeros que críen cabras enanas.

En lugar de esto, lo que necesitas hacer es buscar un buen nicho primero, encontrar algo que la gente ya ESTE comprando, y vender algo similar. Si estas vendiendo productos de información, la manera más fácil de hacerlo es ir a Clickbank.com y buscar los mejor vendidos (aquellos en los puestos más altos de sus categorías y que tienen una gravedad alta).

Tip #9: **Promueve solo aquellos productos que tú mismo usarías.** O, si no eres parte del nicho de mercado, entonces promueve solo aquellos productos que le recomendarías a tu mama o a tu mejor amigo.

El punto es que no debes dejar que la emoción por una comisión y tasa de conversión altas nublen tu visión. Tu objetivo primario es ayudar a los clientes. Si estas vendiendo productos que llenan tu bolsillo de dinero pero que no resolverán los problemas de los clientes, entonces estas sacrificando utilidades a largo plazo por ganancias a corto plazo.

Por lo tanto, haz de ayudar a tus clientes al recomendar buenos productos tu enfoque primario Hacer esto hará que te ganes su confianza, lo que significa que estarán más dispuestos a comprarte más productos en el futuro. Es una situación ganar-ganar.

Tip #10: **Únete a las listas de alianzas y de pre-lanzamiento en tu nicho.** Si eres conocido como un "súper afiliado" en tu nicho, entonces los proveedores que están a punto de lanzar nuevos productos te los enviaran gratis con la esperanza de que tú los promuevas. Y como tú serás uno de los primeros afiliados en promover estos productos, generalmente podrás hacer mucho dinero el día de su lanzamiento.

Pero, ¿qué pasa si no eres un súper afiliado? ¿Cómo te notifican de los lanzamientos de productos? Simple:

➢ **Listas de notificaciones de alianzas en tu nicho.**

Ejemplo: Si estas vendiendo productos de mercadeo en línea, entonces únete a www.jvnotifypro.com. Si no estás en ese nicho, entonces haz una búsqueda en Google de las palabras claves de tu nicho junto con términos de búsqueda como "oportunidades de alianzas," "oportunidades de afiliados" y "pre lanzamiento."

➢ **Subscríbete a todos los boletines de los grandes mercadólogos de tu nicho.** Si no hay sitios de notificaciones de alianzas en tu nicho, entonces suscríbete a los boletines de los grandes mercadólogos. Generalmente, los más grandes tendrán notificaciones por adelantado de los lanzamientos de productos y/o pre notificaran a sus prospectos acerca de sus propios lanzamientos de productos. Entonces te puedes comunicar con los dueños de los productos para preguntarles si te puedes unir a su programa de afiliación de pre lanzamiento.

Tip Extra: Si no hay ninguna lista de notificaciones de alianzas en tu nicho, ¡puedes considerar empezar una!

Resumen Rápido

Aquí tienes- diez tips para escoger productos rentables. A continuación, descubrirás como construir un canal de ventas rentable...

Creando un Canal de Ventas

Si estas enviado a tus visitantes derecho a la página de ventas del proveedor, estas dejando mucho dinero en la mesa. Y esto es porque obtendrás mejores resultados si creas un canal de ventas, lo llenas de productos y después se los vendes a prospectos "tibios."

A continuación hay nueve tips para reforzar las ganancias de tu canal de ventas...

Tip #11: Construye una lista. La gente compra de aquellos en los que confía, conoce y aprecia. Esto significa que si estas enviando a tus prospectos derecho a la página del proveedor, el prospecto probablemente no te conoce a ti O al proveedor. Y por lo tanto la tasa de conversión será muy baja.

En lugar de esto, haz que tus visitantes se inscriban en tu lista de correos. De esta manera puedes construir una relación con tus subscriptores y ganarte su confianza. Ahora estos visitantes "fríos" se convierten en prospectos "tibios"... ¡y tu tasa de conversión se dispara!

Tip #12: Crea una página de ventas. A mediados y finales de los noventas, la gente solía dar su dirección de correo electrónico a casi cualquiera. Se unían a los boletines porque era divertido recibir correos. Y no les importaba el "correo basura" porque el correo electrónico era una novedad.

Esto ya NO es así. Ahora las personas protegen su dirección de correo electrónico tan fieramente como una mama osa protege a sus cachorros. Y eso significa que las palabras "boletín gratis" no harán que las personas se amontonen para inscribirse en tu lista de correos. En lugar de esto, necesitas crear una página de ventas que convenza a las personas de unirse a tu lista.

Como tal, necesitas crear una página breve que le diga a tus prospectos lo que obtendrán si se subscriben a tu boletín. Eso es, ¿qué beneficios recibirán?

<u>Ejemplo:</u> Un beneficio de unirse a un boletín de entrenamiento canino seria: "¡Puedes tener a un perro perfectamente entrenado para la casa en tan solo 72 horas a partir de ahora!"

Tip #13: Ofrece un incentivo gratuito relevante para reforzar las subscripciones. De la misma manera que ofreces un bono para incrementar la tasa de conversiones en un producto pagado, también deberías ofrecer un incentivo gratuito para incrementar el número de personas que se subscriben a tu boletín.

Puedes ofrecer un incentivo como los siguientes:
- Un e-libro gratuito u otros productos de texto descargables.
- Un producto gratuito de audio tal como un audio libro.
- Acceso gratuito a un teleseminario o webinar.
- Un video gratuito.
- Software u otras herramientas gratuitas.
- Un e-curso gratis.

<u>Tip Extra:</u> El mejor incentivo que le puedes dar a tus prospectos es investigar qué es lo que están comprando en la actualidad y ofrecerles algo similar. Por ejemplo, si un producto de los mejor vendidos de Clickbank es, como perder peso con una dieta baja en carbohidratos, entonces puedes crear un reporte sobre el mismo tema y ofrecerlo de manera gratuita a todas las personas que se unan a tu lista. Naturalmente, el reporte debe ayudar a pre vender el producto y debe incluir tu liga de afiliado.

Tip #14: Crea una serie de correos automáticos. Como se menciono, puedes ofrecer un e-curso gratuito de varios días como bono para las personas que se subscriban a tu boletín. Pero incluso si no ofreces un e-curso específico, debes subir por lo menos de 7 a 12 mensajes en tu correo automático que sean parte contenido, parte discurso de ventas.

El contenido te ayudara a establecer una relación con tus subscriptores, mientras que puedes usar las partes promocionales de cada correo para pre-vender un producto.

Ejemplo: Estas vendiendo productos de marketing en internet. Puedes crear una serie de siete partes de correos automáticos que enlisten los siete pasos para escribir una buena carta de ventas. En cada mensaje incluyes un discurso de ventas para un producto de escritura. (Tal como un software generador de encabezados o un libro de "cambio de archivos").

Tip #15: Pon tu marketing de afiliados en piloto automático. En lugar de crear solo una serie de correos automáticos de 7 a 12 partes, puedes crear una serie que dure tres meses, seis meses, doce meses, o más.

Por ejemplo, una serie de correos automáticos de un año significara que necesitas crear 52 mensajes semanales con contenido relevante que promueva productos relevantes. ¡Entonces te puedes concentrar en construir tu lista y dejar que "tu canal de ventas en piloto automático" cierre las ventas y ponga dinero en tu bolsillo!

Ejemplo: Siempre puedes crear una serie de 52 mensajes tal como "52 Tips para pérdida de peso" o "52 Maneras de ganar $100."

Tip #16: Muéstrale tu interés a tus lectores. Si tratas a tus suscriptores y prospectos como mini cajeros automáticos, ellos lo percibirán. Y se alejaran de ti más rápido que un gato tratando de evitar un baño.

En lugar de esto, necesitas mostrarles a tus lectores lo mucho que te importan. Muéstrales algo de empatía. Hazles saber que entiendes sus problemas, y que en verdad quieres ayudarlos.
Puedes hacer esto al:

➢ Enfatizar (ej., "Yo se lo vergonzoso que es que tu perro prácticamente se lance encima de tus invitados…").

➢ Ser honesto con las reseñas de tus productos.

➢ Promover solo BUENOS productos (ver Tip #9).

➢ Recomendar el mejor producto, incluso si es un producto gratuito. (Esto no pone dinero en tu bolsa a corto plazo, pero al hacer esto obtienes la confianza de tus clientes…y eso significa más dinero a largo plazo.)

Tip #17: **Mantén a tus subscriptores leyendo.** Algunas veces cuando ofreces un incentivo gratuito para "sobornar" a tus prospectos para que se suscriban a tu lista, estos suscriptores toman su regalo y después se detienen a leer tu boletín. Y eso significa que no tendrás la oportunidad de construir una relación (mucho menos hacer una venta de afiliado).

¿La solución?

Envía un incentivo no anunciado en el primer correo electrónico que envíes. Además, hazles saber a tus subscriptores nuevos que tan pronto recibirán más "bonos misteriosos." (Y mantén tu promesa mandando incentivos más o menos una vez al mes.)

Este pequeño paso mantendrá a tus suscriptores abiertos a tus correos y a leerlos. Y eso te da la oportunidad de construir una relación con ellos y venderles más productos de afiliados. Ciertamente, ¡quizá puedes convertir a un "buscador de incentivos" en un cliente valioso!

Tip #18: **Cumple con las expectativas de tus suscriptores.** Cuando tus suscriptores se unieron a tu lista por primera vez, tú creaste expectativas específicas sobre el tipo de contenido que ellos recibirían de ti y que tan seguido lo recibirían. Para poder mantenerlos leyendo, necesitas cumplir con sus expectativas.

Vamos a suponer que les dijiste que les darías un "boletín de contenido cada semana." Si en lugar de esto mandas dos correos por mes que solo contienen discursos de ventas, tus suscriptores se sentirán decepcionados. Y los suscriptores decepcionados dejaran de leer tus correos (o incluso pedirán que los borres de tu lista).

El punto es que, no importa lo QUE les mandes, siempre y cuando cumpla con sus expectativas. Si les dijiste desde el principio que les ibas a mandar reseñas de productos, entonces debes enviar reseñas de productos. Si les dijiste que les ibas a enviar notificaciones de pre lanzamientos o productos con descuentos, entonces envíales eso. Y si les dijiste que enviarías tips semanales, entonces tienes que cumplir con esas expectativas.

Tip #19: Anúnciate en los boletines de otras personas. No estás limitado a solo ganar dinero de tu propio boletín. También puedes ganar dinero al anunciarte en los boletines de otras personas al comprar anuncios de ezine o solo.

Busca publicaciones con buena reputación y que envían contenido de calidad (del tipo que mantendrá a sus suscriptores leyendo). Pregúntales si aceptan anuncios pagados. Si es así, pregúntales sobre su demografía (por ejemplo, de donde obtuvo sus suscriptores y quienes son). Finalmente, pregúntales si puedes comenzar con un anuncio pequeño. Si obtienes buenos resultados, puedes comprarles más anuncios.

Tip Extra: No envíes trafico a una liga de afiliados. En lugar de esto, ¡envíalos a tu página de suscripción al boletín (pagina de ventas)!

Resumen Rápido
Acabas de aprender cómo hacer dinero al jalar gente a tu canal de ventas usando un boletín. También aprendiste a ganar dinero por medio de los boletines de otras personas.

A continuación, ¡descubrirás tips de pre venta que reforzaran tu tasa de conversión rápida y fácilmente! Sigue leyendo…

Reforzando las Conversiones

Ya sabes que no debes enviar al tráfico directamente a la página de venta de productos. En lugar de esto, debes construir una lista y después proponer productos. Incluso no debes mandar a los miembros de tu lista directo a la página de ventas. Sigue leyendo…

Tip #20: **Escribe reseñas de productos.** Una de las mejores maneras de pre vender un producto es escribiendo una reseña. Pero no simplemente enlistes los puntos positivos. Necesitas enlistar los defectos del producto también. Y esto es debido a que tus prospectos saben que el producto no es perfecto. Si tratas de presentarlo como un producto perfecto, ellos simplemente no confiaran en ti…ni te compraran nada.

Ejemplo: "Este kit de educación en casa ofrece increíbles planes para ciencias, historia e inglés. Sin embargo, los planes de matemáticas dejan que desear. Esto es debido a que… [Razones]"

Tip #21: **Crea comparaciones de productos.** Si estas revisando dos o más productos similares, entonces puedes pre vender ambos haciendo una comparación de producto.

Justo como en la reseña del producto, necesitas presentar ambos productos de manera honesta (con todo y sus defectos). También deberías concluir haciendo recomendaciones acerca de que producto deberían comprar tus lectores. Si el producto tiene como meta a aquellas personas con necesidades ligeramente diferentes, entonces diles a tus lectores quienes son los que deberían de comprar el producto.

Ejemplo: "Si estas principalmente interesado en aprender acerca de los planes de ejercicio que te ayudaran a perder peso, entonces compra el [nombre del producto]. Si en realidad estas más interesado en tener un plan completo de menús, entonces compra [nombre del producto]…"

Tip #22: **Escribe discursos de pre-ventas: Algunas veces no pre venderás un producto únicamente con una reseña.** En lugar de esto, pre venderás el producto usando un discurso de ventas directo, que es en donde puedes resaltar los beneficios principales del producto. De esta manera, tu suscriptor estará listo para comprar el producto incluso antes de que vea la página de ventas.

Tip Extra: Un discurso de pre venta funciona mejor cuando se lo envías a tu lista, ya que ellos ya te conocen y confían en ti. Si estas jalando trafico de otras fuentes, entonces probablemente te vaya mejor ofreciendo reseñas y comparaciones.

Tip #23: Construye anticipación de pre lanzamiento para los nuevos productos. Algunos mercadólogos hacen mención de sus nuevos productos en el día en que hacen el lanzamiento de los mismos. Sin embargo, puedes vender más productos si pasas una semana o dos creando anticipación antes del lanzamiento del producto.

Tip Extra: Los buenos proveedores de productos proveerán con materiales de marketing de pre lanzamiento para que los envíes a tu lista. Sin embargo, tu puedes hacer reseñas y discursos de ventas de "pre lanzamiento" para abrir el apetito de tus prospectos por el producto. Cuando llegue el día del lanzamiento, ¡ellos compraran el producto sin siquiera leer la pagina de ventas!

Tip #24: Permite que la gente eche una miradita dentro del producto. La gente que puede imaginar el producto (e imaginarse a sí mismos siendo propietarios del producto) es más propensa a comprarlos. Es por esto que puedes reforzar tu tasa de conversión al proveer imágenes de pantalla e incluso videos de partes del producto.

Ejemplo: Puedes proveer una imagen de pantalla del índice de un e-libro. O puedes presentar un video de ti mismo viendo un capitulo de un e-libro.

Nota: Obtén el permiso el creador del producto antes de poner en práctica esta táctica.

Tip #25: Provee reseñas de productos que no recomiendas. Anteriormente aprendiste que puedes incrementar tu tasa de conversión al enlistar tanto los defectos de un producto así como sus puntos fuertes.

Aun así, siempre y cuando las fuerzas sean mayores que los defectos, probablemente tu recomendaste el producto.

Entonces, ¿qué pasa si te topas con un producto (especialmente uno nuevo) que no recomendarías a tus lectores y visitantes? Muchos afiliados simplemente no se molestaran en escribir una reseña. Pero le debes a tus lectores el darles la información que están buscando…incluso si no incluyes una liga (y por lo tanto no ganes comisión).

No, no ganaras dinero de un producto que no recomiendas. Pero crearas buena voluntad entre tus lectores. ¡Y eso se traduce en más ventas en el largo plazo!

Resumen Rápido

Acabas de descubrir seis maneras de reforzar tus ganancias al pre vender tus productos. Enseguida, aprenderás como un blog puede poner más dinero en tu bolsillo…

Obteniendo Mayores Comisiones Usando Blogs

En este punto ya no es ningún secreto que no debes enviar a tus visitantes directamente a la cata de ventas de un proveedor. Hasta ahora hemos hablado principalmente de cómo convertir al tráfico de tu página en suscriptores de tu boletín.

Ahora veremos como el uso de un blog te puede ayudar a obtener más dinero por afiliaciones…

Tip #26: Usa WordPress. Hay muchas soluciones de blogging de donde escoger, incluyendo el software instalado y las soluciones hospedadas con terceras personas. Sin embargo, una de las mejores plataformas es la plataforma de WordPress (WP), el cual lo puedes encontrar en www.wordpress.org.

Aquí hay <u>cinco razones</u> por las cuales WP es una buena elección:
1) Es fácil de instalar.
2) Facilita y hace mucho más rápido el uso de los blogs, incluso para aquellos que no tengan habilidades técnicas.
3) Es altamente personalizable, tanto en términos de forma y función.
4) Se actualiza frecuentemente.
5) Hay muchas "herramientas" (plugins) que le puedes agregar para un mejor funcionamiento.

En resumen: Escoge WordPress y pasaras menos tiempo administrando tu blog… ¡y más tiempo ganando dinero!

Tip #27: Instala los mejores plugins. Los mejores plugins de WP te permiten hacer cosas como eliminar el spam, animar a los visitantes a interactuar con el sitio y reforzar tu tasa de conversión al recomendar automáticamente contenido relacionado en otras partes de tu blog.

Aquí hay una lista de las <u>cinco mejores herramientas </u>que puedes instalar en tu blog WP:

1) Akismet es una herramienta anti spam que te ahorrara mucho tiempo.

2) La herramienta "compartir" (share this) que permite que tus lectores marquen tu sitio en redes sociales populares como Digg.com

3) El rotador de anuncios (Ad Rotator) funciona exactamente como su nombre lo dice - te permite rotar los anuncios de afiliados y ligas a tu blog.

4) Aquí hay una herramienta genial que le permitirá a tus lectores suscribirse a los comentarios (lo que significa que visitaran tu blog más frecuentemente).

5) Puedes mantener a tus visitantes leyendo (y comprando) al recomendarles contenido similar usando la herramienta "entradas similares."

Tip #28: **Crea una sección en tu blog de "producto de la semana" o "entradas destacadas."** Puedes mantener tu blog fresco al crear una sección de "entradas destacadas" que resalten un nuevo producto cada semana. Para ver un ejemplo de esta característica especial, revisa la parte superior de la barra vertical de mi blog en www.jimmybrown.com.

Tip #29: **Ofrece multimedia.** La programación neurolingüística (PNL) nos enseña que las personas tienen diferentes estilos de aprendizaje. Esto significa que algunos prefieren aprender leyendo textos de productos, otros prefieren escuchar instrucciones en forma de audio y otros más prefieren el aprendizaje incluyente, basado en emociones. Y esto significa que si usas contenido multimedia - lo que incluye texto, audio Y video - tendrás mejores oportunidades de atraer una audiencia más amplia.

Tip Extra: Como bono agregado, ofrecer multimedia también te ayuda a llegar a aquellos que tienen discapacidades auditivas o de visión.

Tip #30: **Fomenta la discusión y participación.** Si tú fomentas la discusión en tu blog, entonces crearas un sentido de comunidad. Más no solamente eso, si haces que tus lectores interactúen contigo, esto te ayudara a construir una relación con ellos. Ambas cosas resultan en mas comisiones de afiliados para ti.

A continuación te decimos como obtener miembros interactivos:

➢ **Escribe sobre algo controversial y pide comentarios.** La gente tiende a responder cuando el tema es emocional.

Ejemplo: Pregúntale a tus lectores de un blog acerca de perros cual es la raza más inteligente: los collies o los poodles?

➢ **Pide retroalimentación.** Esta retroalimentación puede ser acerca de un reporte que estés escribiendo o incluso acerca de las características de tu blog. No importa. El punto es hacer que los lectores hablen de ti.

➢ **Mándale un correo electrónico a tu lista para notificarles acerca de una nueva entrada de blog.** Asegúrate de pedirles sus comentarios.

➢ **Haz un concurso de comentarios.**

Ejemplo: Pídeles a tus lectores que escriban sobre un tema relacionado al nicho. La mejor entrada gana un producto.

Tip #31: **Postea entrevistas con los creadores del producto.** Esta es una forma ingeniosa de reforzar tus comisiones: entrevista a los creadores del producto y usa tu liga de afiliado para vender un producto al final. Después postea la entrevista en tu blog.

Tip Extra: Puedes postear ya sea entrevistas de texto o de audio. Si estás haciendo una entrevista de audio, les puedes dar a los lectores de tu blog o boletín acceso a la llamada en vivo.

Vamos a suponer que estas vendiendo un e-libro sobre pérdida de peso. Puedes pedirle al creador sobre un aspecto de la pérdida de peso, tal como el aumento del metabolismo. Después puedes hacer una referencia al libro para mayor información acerca del tema (así como de la pérdida de peso en general).

Tip #32: Postea regularmente. ¿Alguna vez has visitado un blog en el que hayas notado que la fecha de la última entrada es de hace meses o incluso años? Incluso si el contenido es bueno, probablemente no leerás mas allá de la primera pagina (debido a que es fácil asumir que el contenido esta desactualizado). Y definitivamente no visitaras el sitio nuevamente.

De la misma manera, el tráfico que lleva a tu página no se molestara en visitar nuevamente tu página si tu blog se ve abandonado. Y es por esto que necesitas hacer entradas frecuentemente.

Postear regularmente - alrededor de una vez por semana - ayuda a mantener tu blog "pegajoso" (significa que tendrás más visitantes que regresan) y te ayudara a construir una relación con tus lectores. Punto final: ¡Mas ventas de afiliados!

Tip #33: Postea estudios de caso. Hemos hablado mucho sobre la pre venta de productos de afiliados para poder reforzar tu tasa de conversión. Otra manera de reforzar tus conversiones es ofrecer algún tipo de prueba de que el producto funciona. Y puedes hacer esto al postear estudios de caso en tu blog.

Ejemplos:

- Estas vendiendo un producto para la pérdida de peso. Puedes postear un estudio de caso inspiracional acerca de cómo una mujer perdió 75 libras usando el producto (y se mantuvo). Para mejores resultados, incluye fotos de su progreso (fotos de antes y después).

- Estas vendiendo un producto para el cultivo de vegetales. Puedes proveer el testimonial de un jardinero que solía obtener calabazas que eran apenas comibles y que ahora gana premios en la feria del condado.

Tip #34: Crea un diario en vivo. En lugar de postear un estudio de caso de "después de usarlo," puedes crear un diario en vivo en donde puedes postear tu progreso y resultados con el uso de cierto producto.

<u>Ejemplo:</u>

- Estas vendiendo un producto de optimización de motores de búsqueda. Puedes usar las instrucciones paso a paso para optimizar tu propio sitio para los motores de búsqueda y postear tus resultados según vaya subiendo tu página en las clasificaciones en el transcurso de tres meses.

- Estas vendiendo un producto sobre "se un mejor fotógrafo." Puedes crear un diario de una semana en donde tomes fotos diariamente para mostrar que tus habilidades están mejorando.

Resumen Rápido

Acabas de descubrir cómo usar un blog para poner más dinero de afiliados en tu bolsillo. Enseguida, sabrás como vencer a la competencia...

Venciendo a tu Competencia

Cuando eres un afiliado, tienes dos tipos de competencia:

1) Competencia de aquellos que están vendiendo productos similares. Así que si estas vendiendo un libro de entrenamiento para Labradores Negros, estas compitiendo contra otros productos de entrenamiento de labradores negros.

2) Competencia de otros afiliados. Naturalmente, hay otros que están vendiendo EXACTAMENTE el mismo producto al mismo mercado.

Esta es la manera en la que puedes arrasar con tu competencia y poner más dinero en tu bolsillo...

Tip #35: Crea una PVU (proposición de ventas única). Tus prospectos tienen muchas opciones cuando se trata de vendedores. Ellos pueden comprar directamente del creador del producto. O pueden elegir entre las docenas o quizás cientos de afiliados. Y es por esto que necesitas crear tu PVU.

En resumen, tu PVU es la razón "por la cual" tus prospectos deben comprar contigo y no con tu competencia.

Ejemplo: Tú provees una garantía adicional (adicional a la garantía del proveedor), tal como una garantía condicional de "te regresamos el doble de tu dinero."

Tip #36: Agrégale valor a tus ofertas (con productos). Otra manera de vencer a tu competencia y hacer que tus prospectos elijan comprar a través de tu liga de afiliado es ofrecer un bono.

Piénsalo...

Si estas comprando un par de zapatos y los viste a exactamente el mismo precio, pero uno incluía un juego de cintas extra como bono,

¿cual escogerías? Si todo lo demás es igual, probablemente escogerías la mejor opción (la que tiene las cintas gratis). Y también lo harían tus prospectos.

Aquí hay <u>tres ejemplos</u> sobre valor agregado en una oferta de afiliados:

<u>Ejemplo #1:</u> Venderás un libro de dietas. Ofreces un libro gratis de recetas a quien compre a través de tu liga.

<u>Ejemplo #2:</u> Vendes un software "generador de encabezados." Ofreces un "cambiador de archivos" de encabezados a quien compre a través de tu liga.

<u>Ejemplo #3:</u> Vendes un producto de marketing. Ofreces acceso a un foro privado a aquellos que compren a través de tu liga.

<u>Tip #37:</u> Agrégale valor a tus ofertas (con servicios). Los productos son fáciles de entregar, lo que hace más fácil agregarles valor agregado. Pero algunos servicios tienen un valor percibido más alto, lo que puede ayudar a reforzar aun mas tú tasa de conversión.

Aquí hay algunos ejemplos sobre como agregar valor a una oferta de afiliados usando servicios:

<u>Ejemplo #1:</u> Vendes software. Puedes ofrecer instalación y soporte gratis.

<u>Ejemplo #2:</u> Estas vendiendo un producto de escritura. Ofreces una crítica constructiva gratuita de encabezados para aquellos que compren a través de tu liga.

<u>Ejemplo #3:</u> Vendes un producto de pérdida de peso. Ofreces una sesión de consulta gratuita para ayudar a los clientes a diseñar un plan de dieta personalizado.

<u>Tip #38:</u> Desarrolla relaciones con tus prospectos. Ya he hablado sobre este tip en otra parte de este reporte. Para repetir: la gente hace negocios con aquellos en quienes confía, conoce y le agradan. Eso significa que harás más dinero si desarrollas relaciones con tus prospectos.

A continuación vemos como construir relaciones con tus prospectos:

➤ Comienza a usar blogs. Haz que tus lectores comenten en tu blog.

➤ Publica un boletín y envía mensajes semanales.

➤ Pídele retroalimentación a tus lectores (ya sea pública o privada) - y después impleméntala siempre que te sea posible.

➤ Haz que tus lectores tomen encuestas en tu blog.

➤ Interactúa con tus prospectos en sitios de redes sociales como Twitter.com y Facebook.com.

➤ Visita los foros de tu nicho e interactúa con los prospectos.

Tip #39: Crea y vende tu marca. Quieres que tus prospectos se sientan de una manera en particular cuando hacen negocios contigo. Y tu marca es solo una de las herramientas que puedes usar para transmitir ese sentimiento.

Ejemplo: Si estas vendiendo productos para bebe entonces probablemente no quieras que tus prospectos se sientan poderosos, sexis, o ricos. En lugar de esto, quieres que tengan un sentimiento de amor y seguridad. Como tal, tú logo, slogan, diseño de blog y todo lo demás que tenga que ver con tu negocio debe estar diseñado para transmitir este sentimiento. Y tu meta es hacer que tus prospectos confíen y reconozcan a tu marca como un líder en la industria.

Tip Extra: ¿Piensas que no importa desarrollar una marca? ¡Piénsalo nuevamente! A los niños que se les dieron croquetas de pollo en una envoltura de McDonald's les gustaron más que a los niños que se les dio la MISMA comida sin la envoltura. En otras palabras, ¡los niños fueron influenciados por la marca!

Tip #40: **Establécete como un experto / autoridad.** Imagina esto: el mecánico de tu auto te dice que comiences a tomar un suplemento de aceite de pescado. ¿Lo vas a hacer?

Probablemente NO. Pero en el momento en el que tu doctor te dice lo mismo, probablemente salgas corriendo a comprar una botella de aceite de pescado. Y esto es porque tendemos a escuchar y a confiar en los expertos y en las figuras de autoridad más que en otras personas.

Puedes ver hacia donde voy con esto. Si tú te posiciones como un experto (y quizá como una figura de autoridad), puedes reforzar tus ventas. Por ejemplo, crear un blog lleno de contenido, participar en foros del nicho y obtener el apoyo de otros expertos te ayudara a posicionarte como un experto.

Tip Extra: Si tienes una especialidad en un campo relacionado o tienes alguna otra certificación única, úsala como una manera de establecer tu autoridad. Por ejemplo, si eres un enfermero registrado y vendes libros de salud, ¡hazle saber a todos que eres enfermero! Es más probable que la gente escuche tus recomendaciones más que las del afiliado promedio.

Tip #41: **Vende tus propios productos por delante.** Acabas de aprender a reforzar tus ventas al establecerte como experto. Y una de las mejores maneras para hacer que otros te vean como experto es creando tus propios productos.

De esta manera, puedes construir un gran listado de vendedor al vender tu propio producto al frente…y después haz mucho dinero detrás al recomendar productos de afiliados.

Tip #42: **Toma credibilidad prestada de "los grandes" en tu mercado.** Ya sabes que necesitas construir relaciones y establecer confianza para poder vender más productos a tus suscriptores y visitantes. Peto esto toma tiempo. Así que, ¿cómo puedes obtener una buena reputación si estas en un nuevo nicho?

Simple: haz una alianza estratégica con expertos y mercadólogos bien conocidos en tu nicho. Para hacer esto, debes "tomar prestada" su credibilidad, lo que significa que los demás te verán como un experto en el nicho también.

Una de las maneras más fáciles y rápidas de hacer que otros te asocian con los expertos del nicho es crear un producto junto con ellos. Por ejemplo, puedes hacer que por lo menos unos seis expertos estén de acuerdo en hacer una entrevista. Después puedes distribuir las grabaciones libremente para obtener tanta exposición como sea posible.

Resultado final: ¡Te convertirás en un nombre de confianza en el nicho virtualmente de la noche a la mañana!

Tip #43: Ofrece reembolsos a tus clientes. Anteriormente viste que puedes vencer a tu competencia al "agregar valor" a una oferta. Otra manera de hacer esto es ofrecer un reembolso a las personas que compren a través de tu liga.

Así es como funciona…

Vamos a tomar como ejemplo un producto descargable de $100 con un 50% de comisión. En lugar de quedarte con la comisión completa de $50, puedes dividir la comisión con tu cliente (por ejemplo, cada uno de ustedes obtiene $25). Por supuesto que no le dices esto a tu cliente. En lugar de esto, ofreces un "reembolso en efectivo" (pagadero después de que el plazo para una devolución haya expirado).

Tip Extra: Pídele permiso al proveedor del producto antes de usar esta táctica, ya que algunos proveedores no aprueban que los clientes obtengan un producto a un precio más bajo no autorizado.

Tip #44: Ofrece un servicio al cliente excepcional. Incluso si no eres el proveedor del producto, hay muchas probabilidades de que tengas muchas preguntas pre venta y post venta sobre los productos que vendes. Si quieres ganarle a tu competencia, responde a todas estas preguntas rápidamente (en 1 día hábil o menos), y de manera profesional y honesta.

Ahora imagina esto…

Tu cliente potencial está buscando un producto y está pensando en comprar tu producto. Él le envía una pregunta por correo electrónico a uno de tus competidores. Después de tres días, no obtiene respuesta. Así que ahora el prospecto te envía a ti la misma pregunta, la cual tú contestas en solo dos horas.

¿Cuál liga de afiliado crees que este prospecto usara? Correcto -¡la tuya!

Tip #45: **No dejes una sola forma de publicidad sin usar.** Finalmente, una de las maneras más efectivas de vencer a tu competencia es a través de la penetración de mercado. Esto significa que debes cubrir tu nicho con tu contenido y anuncios. Tu nombre debe aparecer en los directorios de artículos, en foros, en los blogs de otras personas como autor invitado, en los sitios de redes sociales…en todos lados. Al ir creciendo la familiaridad, también crecerán tus ventas.

Resumen Rápido

Un poco de competencia no debe asustarte cuando usas los tips y trucos que acabas de aprender. Enseguida, aprenderás como ganar más dinero como afiliado…

Obteniendo aun más Dinero por Afiliaciones

Todo este reporte es acerca de que ganes más dinero como afiliado.

En esta sección, descubrirás que es lo que saben los súper afiliados acerca de ganar comisiones más grandes...

Tip #46: Lee el acuerdo de afiliación. Correcto, antes de que empieces a promover un nuevo producto de afiliado, asegúrate de leer el acuerdo de afiliación y los términos de servicio en el sitio del proveedor. Hacer esto eliminara las malas sorpresas, tales como "no se harán pagos a los afiliados sino hasta que alcancen $1500 en comisiones o hasta que el cometa Halley pase por la tierra de nuevo."

Nota: Bien, acabo de inventar esto - ¡pero te sorprendería ver el tipo de clausulas diseñadas para acabar con tus ganancias que puedes encontrar en algunos acuerdos de afiliación!

Tip #47: Pídele al proveedor del producto una comisión más grande. Una vez que te hayas ganado una buena reputación como un súper afiliado en tu nicho, O, una vez que hayas probado tu record de ventas a un proveedor en específico, te puedes acercar a este vendedor y pedirle un mayor porcentaje de comisión.

Muchos vendedores ya tienen una tasa que les ofrecen a algunos socios especiales. Simplemente puedes preguntar "¿tienes una tasa de comisión más alta para los súper afiliados?" Si no es así, entonces pídele al proveedor que te de una comisión más alta. Si estas ganando mucho dinero para él, es muy probable que no se niegue.

Tip #48: Pídele al proveedor que te de una página de inicio exclusiva. Una manera de incrementar las ventas es personalizando los materiales de ventas tanto como sea posible. Y aun cuando no puedes recibir personalmente a tus suscriptores por su nombre en la página de ventas de un proveedor, puedes PEDIRLE al proveedor que te de una página de inicio exclusiva que ofrezca algo un tanto distinto a la pagina estándar.

Ejemplo: Tu página de inicio personalizada puede recibir a tus suscriptores con algo como esto, "Oferta especial para los suscriptores y amigos de [Tu Nombre]." Adicionalmente, tu página de inicio personalizada puede incluir algunas de las características que veremos en los tips #49 y #50.

Tip Extra: Como de costumbre, ayuda mucho si ya le has demostrado a un proveedor en particular que puedes producir ventas. Una vez que hayas hecho esto, el proveedor estará más dispuesto a cumplir tu solicitud. Esto aplica también para los siguientes dos tips.

Tip #49: **Asegura descuentos exclusivos para tus clientes.** Como mencionamos antes, tus prospectos aprecian una buena oferta. Y una manera de obtener una buena oferta para ellos mientras te hace parecer un héroe, es asegurar un descuento exclusivo (quizás por tiempo limitado) a través del proveedor.

Si no has hecho ninguna venta aun para este proveedor en particular (y no tienes una reputación en el nicho), entonces quizá puedas sugerir una división de la comisión.

Ejemplo: El vendedor puede crear una liga especial en un producto de $100 dólares que te da una comisión de $25 y les da a tus clientes un descuento de $25. Esto no es duro para el proveedor, debido a que el aun gana su comisión de 50%. (Sin embargo, algunos proveedores no quieren vender su producto por debajo de un cierto precio, así que se pueden negar.)

Tip #50: **Pídele al proveedor un bono exclusivo para tus clientes.** Anteriormente aprendiste que puedes vencer a tus competidores al "agregar valor" a una oferta. Sin embargo, una vez que hayas probado que puedes cerrar ventas para un proveedor, este estará más dispuesto a agregar un paquete de bonos exclusivos para aquellos que hagan un pedido a través de tu liga.

Vamos a suponer que estas vendiendo un e-libro acerca de escritura. Tu proveedor puede estar dispuesto a ofrecer acceso a un foro privado de escritura a cualquiera que haga un pedido usando tu liga.

Tip #51: Disfraza tu liga de afiliado. Algunas veces los clientes tienen miedo de hacer clic en las ligas de afiliados, quizá porque piensas que pueden obtener una mejor oferta usando la liga directa, o quizás porque no les gusta la idea de que alguien haga dinero con su compra.

Así que cuando ven una liga como vendorspage.com/affiliatelink.html, ellos cortaran la ultima parte del URL para saltarse tu liga de afiliado. Resultado final: Comisión Perdida.

Si estás trabajando en un mercado como el campo del "marketing en línea," entonces tendrás proveedores con habilidades que preferirán ganarse ellos la comisión en lugar de dejar que tú te la ganes. Si que cuando ven una liga de afiliado, ellos simplemente insertaran su identificación de afiliación y se llevaran tu comisión.

Hay muchas maneras para que tú puedas disfrazar tu liga (tales como modificar el archivo .htaccess o hacer un re direccionamiento en javascript o PHP).

La manera más fácil, sin embargo, es hacer un simple re direccionamiento HTML. Aquí es donde re direccionas un dominio o pagina en un dominio - tal como tudominio.com/recomienda -a tu liga de afiliado.

Aquí hay un código que puedes usar para crear una página HTML:

```
-----------------------------
<HTML>
<HEAD>
<TITLE>Un momento por favor, re direccionando a [nombre del producto] </TITLE>

<meta            http-equiv="refresh"            content="0;
url=http://youraffiliatelink.com/affiliate_id">
</HEAD>
```

```
<BODY>Redirecting to [product name]...
</BODY>
</HTML>
```

Tip #52: Escribe tu propia página de ventas. Algunas veces te encontraras con un gran producto pero la página de ventas no convierte. E incluso tu estrategia de pre venta no compensa del todo una página de ventas verdaderamente horrenda. ¿La solución? Escribe tu propia página de ventas de alta respuesta.

Ahora, hay dos maneras de hacer esto. Primero, si estas promoviendo a un proveedor que está dispuesto a trabajar contigo, entonces le puedes pedir que suba tu nueva página de ventas en tu página de ventas personalizada.

La otra manera de hacerlo - la cual te da más control - es escribir tu propia página de ventas y después enlazarla directamente a la forma de pedido del proveedor (pide permiso primero). No puedes hacer esto con todos los gestores de pago. Sin embargo, si lo puedes hacer, entonces usa este método porque te permitirá rastrear, probar y cambiar tu texto de ventas.

Tip Extra: Sin embargo, toma nota - si tu página de ventas convierte bien, el proveedor probablemente te pedirá usar tu texto para su página. Prepárate para esta solicitud. Puedes considerar cobrarle por el texto. O puedes rechazar su solicitud para así poder usar el mismo texto para un producto similar. Tu texto, tu elección.

Tip #53: Automatiza tanto como puedas. Las herramientas no son balas mágicas que convertirán a un lento negocio de afiliado en una gallina de los huevos de oro. Pero una vez que tengas lo básico implementado, unas cuantas buenas herramientas de automatización puede liberar tu tiempo para que te enfoques en otras tareas generadoras de ingresos.

Con este fin, te debes automatizar lo más que puedas.

Ejemplos:

- En lugar de entregar bonos manualmente, configura un sistema automático (incluso una respuesta automática). O pídele al proveedor que cree una página de ventas y de descarga única la cual incluya tus bonos.

- Puedes crear una serie de respuestas automáticas hasta de un año (52 mensajes relevantes) para automatizar tu boletín. De esta manera no tendrás que escribir boletines. En lugar de esto, te puedes concentrar construir tu lista.

Tip #54: Desarrolla redes extensas. Los sitios de redes sociales están de moda ahora, así que debes tomar ventaja de ellos. Pero no te limites simplemente a encontrar prospectos en esto sitios. Ciertamente, tu tiempo puede estar mejor empleado encontrando socios para alianzas comerciales y cultivando relaciones con ellos.

Si no has comenzado a crear redes, puedes comenzar en Twitter.com, Facebook.com, MySpace.com, y LinkedIn.com. Asegúrate de buscar también grupos específicos por nicho en Ning.com (o comienza tu propio grupo).

Tip #55: Busca programas de afiliados de dos niveles. Este reporte se ha concentrado principalmente en los tips y trucos para aumentar tu ingreso de afiliadoal hacer mas ventas y obtener comisiones más grandes. Pero también puedes incrementar tus ganancias - sin hacer ventas extra -simplemente al unirte a los programas de afiliados de dos niveles.

Así es como funciona: Tú refieres a otro afiliado al programa. Cada vez que tu referido haga una venta, tu también obtienes una pequeña comisión.

Tip Extra: Escoge programas de dos niveles con un segundo nivel de comisiones relativamente pequeño. De esta manera, los afiliados se concentran en vender productos (en lugar de en reclutar mas afiliados).

Tip #56: Conviértete en un gestor de alianzas estratégicas / afiliaciones. Si ya conoces a algunos otros afiliados en tu nicho, entonces puedes usar programas de dos niveles para hacer un poco de dinero extra. Pero si has desarrollado relaciones con numerosos proveedores en tu nicho, entonces puedes considerar convertirte en un gestor de alianzas estratégicas o afiliaciones.

Así es como trabaja…

Un proveedor (frecuentemente uno que es relativamente nuevo en el nicho) está próximo a lanzar un nuevo producto y necesita nuevos afiliados o socios para alianzas estratégicas. Debido a que no sabe aun cuantos mercadólogos necesita, es difícil construir su equipo de ventas.

Ahí es donde entras tú como gestor. Tú presentas al nuevo proveedor a los mejores afiliados del nicho. A cambio, tú obtienes una pequeña porción de las ganancias que estos afiliados generen. Esencialmente funciona como un programa de afiliación de dos niveles… ¡excepto que tú eres el ÚNICO afiliado en la punta de la pirámide!

Resumen Rápido

Acabas de aprender cómo usar las páginas de ventas únicas, bonos exclusivos y otros trucos para aumentar tus ingresos por afiliaciones.

Sigue leyendo para saber que simple procedimiento te puede dar un aumento de sueldo casi instantáneo…

Probando y Rastreando tus Campañas

Si no estás probando y rastreando tus campañas, entonces estás perdiendo tu tiempo y tu dinero. Esto es porque podrías estar invirtiendo todos tus recursos en anuncios y campanias que no funcionan.

A continuación te decimos como evitar este error común para que puedas empezar a ganar cheques más grandes...

Tip #57: Usa el marketing PPC (pago por clic) para probar los nuevos productos y ofertas. Estas pensando en promover un nuevo producto. O quizá tienes algunos materiales de ventas que te gustaría probar. Una de las maneras más rápidas y fáciles de hacer esto es usando el marketing PPC, tal como el Google AdWords.

Esto es debido a que obtienes tráfico que viene a tu sitio a tan solo minutos de haber creado una campaña. Y si usas palabras claves que obtengan mucho tráfico, puedes probar estas ofertas rápidamente. De esta manera sabrás casi inmediatamente si debes promover un producto o encontrar una oferta con mejor tasa de conversión.

Tip #58: Haz una rotación de productos en tu serie de respuestas automáticas. Como mínimo haz configurado una serie de 7-12 mensajes de respuestas automática. Y quizá incluso hayas configurado una serie de contenido relevante que dure seis meses, doce meses o más. El punto es hacer dinero en piloto automático, ¿verdad?

Esta es la razón por la que necesitas hacer una rotación de productos en tu serie de respuestas automáticas. Hacer esto te ayudara a descubrir que productos debes mantener y cuales debes eliminar. ¿Resultado final? Promoverás los productos con mejores tasas de conversión y comenzaras a obtener más efectivo.

Tip #59: Haz una rotación de productos en tu blog. Si tienes lugares especiales en tu blog para anuncios de productos, entonces asegúrate de rotarlos para descubrir cuales anuncios (y cuales productos) obtienen el mayor numero de clics y de conversiones.

<u>Tip Extra:</u> Ve el Tip #27 para la herramienta de WordPress que hace rotar tus anuncios automáticamente.

<u>Tip #60:</u> Rastrea y prueba tus anuncios y ofertas de pre venta. Además de probar que productos se promueven mejor, también necesitas probar tus propios anuncios y ofertas de pre venta. Esto incluye, (pero no está limitado a):

- Tus anuncios por correo electrónico.
- Tus anuncios personales por correo electrónico.
- Tus anuncios en artículos.
- Tus anuncios en blogs.
- Tus anuncios clasificados.
- Tus anuncios pago por clic.
- Los anuncios que colocas en los sitios de redes sociales.
- Cualquier anuncio tipo banner o anuncios de texto que compres.

Y los demás.

<u>Tip #61:</u> Rastrea y prueba tus campañas. Otra cosa que debes rastrear es tu campaña en sí, lo que incluye tus fuentes de tráfico.

<u>Ejemplos:</u>

- ¿Cuáles de tus palabras claves de PPC te trae los mejores resultados?

- ¿Qué día de la semana te trae los mejores resultados con tus anuncios clasificados?

- ¿Qué lugar de colocación en tu boletín electrónico produce los mejores resultados?

Otra nota: Al tiempo que estás viendo principalmente que factores son los que te dan la mejor tasa de conversión, también debes probar los resultados de largo plazo. Esto es que, necesitas rastrear tu tasa de reembolsos también para ayudarte a determinar cuáles factores ponen (y mantienen) las mayores ganancias en tu bolsillo.

Tip #62: Prueba los elementos de tu campaña o anuncios de uno por uno. Si estás haciendo pruebas de división estándar (A/B), (en oposición a un análisis de variables múltiples), entonces asegúrate de probar solo UN elemento a la vez. De lo contrario, no podrás saber que cambio afecto la tasa de conversión.

Vamos a suponer que estas probando un discurso de pre venta. Si cambias el encabezado Y el P.S. en tu discurso y después obtienes un aumento significativo en tu tasa de conversión, no sabrás si fue el encabezado o el P.S. lo que provoco el cambio. Es por esto que necesitas probar solo un elemento a la vez mientras mantienes todas las demás variables (incluyendo las fuentes de tráfico) constantes.

Tip #63: Usa herramientas. Afortunadamente, no tienes que rastrear y probar tus campañas de forma manual o estar haciendo cuentas con tu ábaco. En lugar de esto, puedes usar herramientas como Google Analytics, programas de pruebas de división y software de pruebas de variables múltiples. Todo lo que tienes que hacer es hacer los cambios y dejar que las herramientas hagan su trabajo.

Tip Extra: Si la herramienta Google Analytics no es para ti, entonces haz una búsqueda en Google sobre "programas de pruebas de división" o algo similar para descubrir una amplia gama de soluciones, tanto gratuitas como pagadas.

Tip #64: No juzgues anticipadamente. Tú envías cien visitantes a una oferta y logras hacer dos ventas. Significa esto que tienes una tasa de conversión del 2%? Tal vez. Pero es demasiado pronto para poder afirmarlo. Y esto es porque generalmente necesitas obtener entre 30 y 50 "acciones" (en este caso, compras) para poder generar resultados significativos.

El punto es, hay que ser pacientes.

Resumen Rápido

Muchos mercadólogos afiliados simplemente se saltan la parte de pruebas y rastreo. Pero aquellos que lo hacen están dejando dinero en el aire. Es por esto que yo recomiendo ampliamente que comiences a rastrear y probar tus campañas, si es que no lo estás haciendo ya.

A continuación: Tú ya sabes que el contenido es el rey. Ahora debes averiguar cómo usarlo para aumentar tus ingresos por afiliaciones...

Usando el Contenido para Obtener el Máximo Impacto

Una manera de profundizar en tu mercado y vencer a tu competencia es usando el marketing de contenidos. En esta sección usaras tips y trucos para obtener la mayor cantidad de dinero posible de cada fragmento de contenido que distribuyas...

Tip #65: Haz tu investigación de palabras claves. Si quieres usar tu contenido para atraer tráfico de los motores de búsqueda, entonces necesitas hacer tu investigación de palabras claves. De esta manera puedes averiguar exactamente cuáles son las palabras que tu mercado ya está usando para buscarte...y entonces puedes crear contenido (por ejemplo, artículos) que incluyan esas palabras en una proporción de dos a tres veces por cada 100 palabras.

Tip Extra: Usa la Herramienta de Palabras Claves de Google o Wordtracker para encontrar palabras claves de largas. Estas tienden a ser frases de cuatro a cinco palabras que puede ser que no obtengan el volumen de búsquedas que obtiene una frase de palabras claves de dos palabras, pero tampoco tienen la competencia. Y esto significa que generalmente aparecerás en los primeros sitios en los motores de búsqueda para estas palabras.

Una vez que hayas creado artículos optimizados, entonces puedes:

➢ Postearlos en tu blog.

➢ Enviarlos a los directorios de artículos (como EzineArticles.com, GoArticles.com e IdeaMarketers.com).

➢ Intercámbialos con otros blogueros (por ejemplo, conviértanse en autores invitados en sus blogs).

➢ Postéalos en sitios de redes sociales.

> ➤ Pégalos en foros del nicho.

Tip #66: Usa artículos para pre vender productos de afiliados. Los artículos en blogs, en directorios, en sitios de redes sociales, los artículos que le envías a tu lista - los puedes usar para pre vender productos de afiliados.

> Ejemplos:

> - Vamos a suponer que estas vendiendo un reporte acerca de marketing de afiliados (como este ☺).Puedes escribir un artículo que enliste cinco de tus propios tips de marketing de afiliados, y después incluye una liga al reporte al final del articulo.

> - De forma alterna, puedes crear un artículo que hable acerca del porque el marketing de afiliados es el mejor negocio para un mercadologo principiante. Después coloca tu liga de afiliado al final del articulo.

> - Finalmente, puedes usar las reseñas de productos y comparaciones de las que hablamos anteriormente en este reporte. Si es un nuevo producto, asegúrate de optimizarlo para frases como "reseña [nombre del producto]." Esto es debido a que tus prospectos probablemente harán búsquedas con estos términos en las próximas semanas o meses.

Tip #67: Entreteje recomendaciones de productos en tus artículos. Otra manera de usar un artículo para vender un producto de afiliado es creando un artículo sobre "cómo hacer" con una recomendación de producto colocada en el cuerpo del articulo. Esto funciona mejor si uno de los pasos en tu artículo requiere de un recurso o herramienta en particular.

> Ejemplos:

> - Haz creado una guía "paso a paso" para mostrarle a las personas como instalar un kit de tablero en su automóvil.

Entonces recomiendas y promueves un kit en particular usando tu liga de afiliado.

- Escribes un artículo sobre "cómo hacer" que describe que tanto debe comer un fisicoculturista y cada cuando. Parte del articulo habla sobre tomar un suplemento de proteínas…y entonces incluyes tu liga de afiliado a una marca en particular de proteínas.

Tip #68: **Crea videos de pre venta.** Naturalmente, no estás limitado a solo artículos de texto cuando estas pre vendiendo productos de afiliados. También puedes crear videos y subirlos a YouTube.com y a otros sitios de redes sociales (tales como Squidoo.com).

Tip Extra: Si es un producto físico, muéstrale a los usuarios como luce y se usa el producto. Para continuar con un ejemplo de un tip anterior, puedes crear un video para mostrarle a tus prospectos lo fácil que es instalar el kit de tablero de auto (y como luce el tablero cuando está terminado).

Tip #69: **Crea y distribuye reportes gratuitos.** Si puedes escribir más de un artículo en un tema en particular, entonces debes considerar escribir reportes especiales (con tu liga de afiliado incrustada).

La idea es la misma: puedes crear información útil pero incompleta para que los lectores para hacer que los lectores necesiten comprar un producto para resolver su problema. O puedes proveer instrucciones sobre "cómo hacer" completas junto con una liga para tu producto (como ejemplo, el kit de tablero de auto).

Una vez que tu reporte este completo, repártelo libremente en tu blog, en tu lista de boletín y en los sitios de redes sociales. También puedes enlistarlo en los "directorios de e*libros gratuitos" y en los archivos de firma del foro de tu nicho.

Tip Extra: Si el reporte promueve un producto con un programa de afiliado de dos niveles, entonces puedes hacer que el reporte sea remarcable. Esto es, que puedes permitirle a otros que se unan a tu programa de afiliado usando tu liga y después ellos pueden cambiar las ligas en el reporte para que re direccione a su liga de afiliados. Debido a que es un programa de dos niveles, de todas formas obtendrás una pequeña comisión por cada venta que ellos hagan, y ellos también, ¡lo que significa que tendrán un incentivo para promover tu reporte!

Tip #70: Ofrece derechos de reventa para tus productos. Otra manera de obtener una exposición masiva para tus ligas de afiliado es creando productos pagados, incluye tus ligas en estos productos, y después ofrece los derechos de reventa de estos productos a otros mercadólogos.

En una situación ganar-ganar.

El otro mercadologo tiene un incentivo para promover tu producto, debido a que ellos se quedaran con el 100% de las ganancias. Tu ganas porque tus ligas de afiliado están incluidas en el producto, lo que significa que tu obtendrás el ingreso tras bambalinas. Y como bono agregado, incluso ganaras un poco de dinero por la venta de los derechos de reventa.

Tip Extra: Puedes vender los derechos de reventa de tus productos en foros de marketing como WarriorForum.com (sección de clasificados o foro de ofertas especiales), en el mercado Digital-Point.com o el mercado SitePoint.com.

Tip #71: Evita usar ligas directas de afiliados en productos. Anteriormente descubriste que debes usar ligas de re direccionamiento para evitar que los clientes corten tu identificación de afiliado y que otros mercadólogos se roben tus comisiones.

Aquí hay otra razón para usar el re direccionamiento: si el programa de afiliado se termina en algún momento o el producto se retira del mercado, no tendrás cientos de ligas muertas flotando en reportes gratuitos, artículos y demás. Esto es debido a que todo lo que tienes que hacer es cambiar la liga de redirección del viejo producto a un producto similar.

Resultado final: ¡No más ventas perdidas!

Tip #72: Cubre tu nicho con contenido. Imagina esto: Tu prospecto está haciendo una búsqueda en Google con varias palabras claves relacionadas a un nicho. Parece ser que cada vez que busca algo aparece un artículo con TU nombre en el. ¿Qué es lo que tu prospecto va a pensar de ti?

Correcto - asumirá que eres un experto. Y como tuya sabes, establecerte como un experto de tu nicho hace que tus ventas aumenten.

Con este fin, debes cubrir el nicho con tu nombre cubriéndolo con tu contenido. Por ejemplo:

➢ Postea videos en YouTube.com y Break.com.

➢ Crea paginas en HubPages.com y Squidoo.com.

➢ Participa en los foros más grandes de tu nicho.

➢ Crea y postea regularmente en un blog.

➢ Participa en todos los foros de los más grandes sitios de redes sociales.

➢ Crea blogs de terceras personas en sitios como Blogger.com

➢ Envía artículos a los directorios de artículos.

➢ Intercambia contenido con otros mercadólogos de tu nicho (por ejemplo, intercambia contenido de blogs y de boletines).

Resumen Rápido

Acabas de aprender cómo usar el contenido para aumentar tus ventas. Enseguida, descubrirás como usar las comunidades sociales para incrementar tus ingresos por afiliaciones…

Creando Comunidades para Construir Relaciones

Tú ya sabes que crear relaciones con los prospectos en una manera de incrementar tus ventas. Y una manera de construir relaciones es construyendo una comunidad en línea.

Aquí hay más tips para la construcción de comunidades...

Tip #73: Establécete como experto. Construir una comunidad no solamente te ayuda a construir relaciones, también te ayuda a establecerte como un experto. El resultado final es el mismo: Más ventas.

Tip Extra: ¡Crea tu nicho! Por ejemplo, si acabas de entrar al mercado de entrenamiento canino, entonces probablemente no te podrás proclamar como un experto en el entrenamiento de perros. Pero es posible que te PUEDAS convertir en un experto en el "entrenamiento de pugs."

Sigue leyendo para descubrir más maneras de obtener un "estatus de experto" rápida y fácilmente en tu nicho al construir comunidades...

Tip #74: Crea un foro de nicho. Si usas un hospedaje web que tenga instalado el Cpanel y Fantástico De Luxe, entonces puedes instalar un foro en tu sitio con tan solo un par de clics - ¡no se requiere conocimiento técnico! Sin embargo, a nadie le gusta visitar un foro que parezca un pueblo fantasma. Es por esto que necesitas una gran oleada de gente que empiece a postear en el foro inmediatamente. Una manera de hacer esto es haciendo un concurso de posteo y referidos. Otra manera es construir una lista primero y después hacer el lanzamiento del foro a esta lista.

Tip #75: Crea tu propio sitio de redes sociales en tu nicho. Si, te debes unir a todos los sitios de redes sociales populares como Twitter.com y Facebook.com. Pero también debes considerar crear tu propio sitio y construir una comunidad en el nicho, ya que hacer esto te establece como experto. A continuación hay dos maneras de hacerlo:

1) Usa Ning.com para crear un sitio de redes sociales. sin embargo, no obtendrás el control completo de este sitio si usas Ning (por ejemplo, ellos podrían simplemente desaparecer mañana junto con tu sitio).

2) Instala un programa de redes sociales en tu propio dominio. Dependiendo del tipo de comunidad que quieras crear, simplemente haz una búsqueda en Google de frases como "programa clon de Twitter," "programa clon de Facebook" y similar.

Tip #76: Anima a la gente a interactuar en tu sitio. Si la gente nunca "usa" tu sitio, entonces no podrás construir relaciones o un sentido de comunidad. Es por esto que necesitas animar a las personas para que interactúen. Lo puedes lograr por medio de:

➤ Fomentar la discusión.

➤ Creación de encuestas.

➤ Ofrecer concursos.

➤ Crear galerías de fotos de miembros en las que los miembros puedan postear fotos y otros las puedan calificar.

> Ejemplo: Un sitio de perros pug en donde animes a los miembros a postear fotos de sus pugs.

➤ Alojar blogs u otras páginas para tus miembros.

➤ Ofrecer juegos a tus miembros.

Tip #77: Dale a la gente un sentimiento de pertenencia. Los psicólogos, mercadólogos y maestros de la persuasión saben desde hace mucho tiempo que la gente quiere sentir que "pertenece" a un grupo. Y cuando tú les das este sentimiento de pertenencia, este actúa como un detonador de ventas.

Una manera de hacer esto es construir una comunidad en la que hagas que los miembros se sientan parte de un grupo especial.

Ejemplo: Puedes proporcionar un foro privado que no esté a la vista del público. Puedes ofrecer ventajas especiales a los miembros que otros ni siquiera conocen. Y puedes hacer que tus miembros se sientan especiales al anunciar los beneficios de ser un miembro del grupo mientras señalas a otros como "forasteros."

Tip Extra: Si quieres ver ejemplos "actuales" de esto, solo escoge tu auto deportivo favorito y haz una búsqueda en Google de un foro relacionado. Allí encontraras comunidades de gente que piensa que su auto es el MEJOR auto del mundo…y en algunos casos incluso menosprecian a los que no compartan esta opinión. Todos los propietarios de ese auto en particular se sienten instantáneamente enlazados con el grupo, mientras que todos los demás se sienten como forasteros.

Tip #78: Ofrece membrecías gratis para construir una base de seguidores. En lugar de construir un sitio de redes sociales, puedes elegir construir un sitio por membrecías. Este sitio incluye un área de descargas con reportes, videos o incluso audios.

La clave es construir un sitio de membrecía alrededor del producto que estas vendiendo. Ciertamente, puedes ofrecer "membrecías gratuitas" para el público en general y "membrecías platino" superiores para todos aquellos que compren el producto. Las membrecías superiores deben incluir mas materiales y quizá otras características (tales como acceso a un blog privado), Y la membrecía superior debe tener un aire de exclusividad, lo cual ayudara a incrementar las ventas.

Tip #79: Crea comunidades de soporte basadas en el producto que estas vendiendo. Esto incrementa las ventas debido a que la gente que se une a la comunidad de soporte se sentirá fuera de lugar si no es propietaria del producto, ya que no sabrán de qué hablan todos los demás.

Nota: En lugar de ofrecer una membrecía "platino" a aquellos que compren el producto, puedes ofrecer una comunidad de soporte para TODOS…y la comunidad en si funcionara como una herramienta de pre venta del producto.

Ejemplo: Vamos a suponer que estas vendiendo el libro "Dieta South Beach" como afiliado. Puedes crear una comunidad de dietas "bajas en carbohidratos" en donde la gente se de soporte mutuamente en sus caminos hacia la pérdida de peso. Naturalmente, se fomenta que todos los miembros compren y sigan los pasos en el libro la Dieta South Beach. (Y aquellos que no lo hagan se van a sentir fuera de lugar, ¡lo que los impulsa a comprar el producto a través de tu liga de afiliado!)

Resumen Rápido

Acabas de descubrir cómo usar las comunidades en línea para incrementar tus ventas de afiliado.

Enseguida aprenderás como aproximarte a una fuente de tráfico en donde hay muy poca competencia...

Encontrando a tus Clientes fuera de la Red

Mientras que es cierto que más y más mercadólogos en línea están comenzando a hacer marketing fuera de la red, probablemente no hay un competidor en tu colonia. Y esto significa que este es un mercado que virtualmente no ha sido tocado y el que puedes empezar a atacar por diversión y ganancias…

Tip #80: **Da discursos gratuitos en organizaciones locales.** Muchos de los clubes locales en tu área estarían muy emocionados por tener a un orador invitado gratuito en su siguiente "reunión de comedor." Todo lo que tienes que hacer para asegurar estos compromisos es hablarle a la persona que esté a cargo de estos eventos (tales como el presidente del club).

Ejemplos:

- Si vendes productos de negocios, entonces puedes hablar en una reunión de la cámara de comercio.

- Si vendes productos de jardinería, entonces puedes ofrecer hablar en una reunión del club de jardinería.

- Si vendes información relacionada a autos clásicos, entonces puedes ofrecerte para hablar en un evento de autos clásicos.

El punto es que probablemente hay docenas de clubes en el nicho que tienen juntas cada mes en tu ciudad. Revisa si hay alguna que se relacione a tu nicho, y toma el teléfono para arreglar una junta.

Tip #81: **Da talleres gratis en tu área.** En lugar de simplemente dar una plática, puedes hacer una demostración o llevar a cabo un taller corto.

<u>Ejemplos:</u>

- SI vendes kits de modelaje de aeroplanos, entonces puedes ofrecer un taller en donde puedes demostrar los puntos más finos de la pintura de un modelo de aeroplano.

- Si vendes kits de peluquería para poodles, entonces podrías hacer una demostración de la manera correcta de cortarle el pelo a un poodle.

Al final de la demostración, incluye un volante que la gente se pueda llevar y que incluya los puntos más importantes de tu taller junto con las ligas de afiliado para tus productos.

Tip #82: Acude a eventos del nicho fuera de la red. Anteriormente descubriste que una manera fácil de incrementar tus ingresos es pidiendo una comisión más alta a los proveedores. Y una de las mejores maneras de hacer esto es preguntándole al proveedor en persona. Si vas a talleres, exposiciones, conferencias y otros eventos del nicho, tendrás muchas oportunidades de conocer a los proveedores y de discutir comisiones más lucrativas.

Y esto no es todo. También puedes usar estos eventos fuera de la red para:

➢ Conocer socios para alianzas estratégicas. Obtén su información de contacto y dale seguimiento después del evento para discutir oportunidades de alianzas estratégicas.

➢ Conoce prospectos. Asegúrate de darles una razón para visitar tu blog y/o unirse a tu boletín.

Tip #83: Usa comunicados de prensa para atraer tráfico. Mientras que puedes enviar comunicados de prensa a los medios nacionales o internacionales, uno de los lugares de más fácil acceso para imprimir un comunicado de prensa es precisamente tu periódico local. Esto es debido a que los medios locales están más interesados en lo que los empresarios locales están haciendo.

Tip Extra: envía tu comunicado de prensa al editor del departamento correcto... ¡y asegúrate de escribir correctamente su nombre!

Tip #84: **Reparte volantes que apunten al mercado.** Algunas personas sugieren "cubrir" un estacionamiento lleno de autos (lo que puede o no ser legal en tu área). Sin embargo, tu estas buscando un mercado meta, lo que significa que te ira mejor si repartes volantes directamente a un grupo especifico de prospectos.

Ejemplos:
- Reparte volantes en una "exposición de botes" para vender productos relacionados a los botes.

- Reparte volantes en una reunión de escalada para promover productos para escalar.

- Entrega volantes sobre material relacionado a los perros en una exposición de perros.

Tip Extra: siempre pide permiso antes de hacer esto en el evento de alguien más. Puedes incrementar las posibilidades de que el organizador acepte si formas una alianza estratégica con él. Por ejemplo, puedes incluir tus anuncios y los anuncios del organizador en el volante. El obtiene un beneficio porque tú asumirás el costo de los volantes e invertirás tu tiempo y energía para distribuirlos.

Tip #85: **Envía postales u otros materiales por correo.** Si no estás recolectando direcciones físicas adicionalmente a las direcciones de correo electrónico, deberías considerar hacerlo. Ciertamente, todo los que tienes que hacer es ofrecerle a tus prospectos un articulo físico gratuito (como por ejemplo un CD o DVD) para poder obtener su dirección de envío. De manera alterna, puedes comprar listas de direcciones de envío. (www.srds.com)

Tip Extra: Puedes reducir tus costos de envíos postales al hacer una alianza estratégica con otros mercadólogos en tu nicho. Simplemente crea una campaña de envíos en donde todos puedan incluir un volante (o un anuncio en un volante). De esta manera los costos de impresión y envío serán mínimos para cada socio.

Tip #86: **Usa la publicidad de dos pasos.** Finalmente, puedes atraer prospectos fuera de la red al colocar pequeños anuncios clasificados en publicaciones del nicho (o en secciones especificas del nicho en los clasificados generales).

Más, no debes tratar de vender o pre vender un producto a tus prospectos. En lugar de esto, ofrece un reporte gratis y envía a los prospectos a tu página de ventas para obtener el reporte. Entonces puedes cerrar la venta usando una respuesta automática.

Resumen Rápido

Acabas de descubrir cómo encontrar prospectos en un ambiente que virtualmente no ha sido tocado: fuera de la red. Sigue leyendo para descubrir una pequeña habilidad que debes afilar si quieres comenzar a ganar aun más dinero…

Afilando tus Habilidades de Escritura

Productos grandes, comisiones grandes y mucho tráfico contribuirán a que obtengas un gran pago por afiliaciones. Pero puedes incrementar tu ingreso aun más de manera fácil y rápida con tan solo hacer una cosa muy simple.

Y esto es, afilar tus habilidades de escritura...

Tip #87: Entra en la mente de tus prospectos. No puedes escribir una excelente propuesta de ventas con solamente estudiar el producto. También necesitas estudiar a tus prospectos. Necesitas averiguar qué es lo que los motiva, que es lo que les hace perder el sueño por las noches, que les asusta y que es lo que más quieren.

¿Cuál es la manera más fácil de averiguar estas cosas?

Simple: pasa tanto tiempo como puedas con tu mercado meta.

Ejemplo: si planeas venderles productos a los dueños de perros, entonces comienza por pasar tiempo en una tienda de artículos para perros, el parque de perros y las exposiciones de perros.

Tip #88: Conviértete en un maestro en la escritura de excelentes encabezados. La parte más importante de cualquier anuncio - desde un pequeño anuncio clasificado de tres líneas hasta una carta de ventas de 20 páginas - es el encabezado. Esto es porque si el encabezado no hace su trabajo (por ejemplo, captar la atención del prospecto), entonces el prospecto no leerá el resto de la información de ventas.

Por lo tanto, necesitas afinar tus habilidades de escritura de encabezados. Esto significa desarrollar un "archivo intercambiable" de encabezados clásicos, pensando en docenas de encabezados para cada anuncio que hagas y concentrándote en crear encabezados que despierten la curiosidad y atraigan a las personas.

Ejemplo: ¿Quien más Quiere Descubrir los Secretos de Escribir Encabezados de Un Millón de Dólares?

Tip #89: Concéntrate en los beneficios, no en las características. Las características de tu producto son partes del mismo, mientras que los beneficios son lo que las características hacen por el prospecto. La mayoría de los prospectos están principalmente interesados en los beneficios, también conocido como "¿y yo que obtengo?" Sin embargo, lo que necesitas hacer es conformar un texto que presente la característica y sus beneficios.

Vamos a suponer que estas vendiendo computadoras. Una característica del producto es que tanta memoria RAM tiene. El beneficio de tener mucha memoria RAM es que el usuario puede hacer varias cosas a la vez al tener múltiples aplicaciones abiertas al mismo tiempo. Así que podrías anunciar la computadora de la siguiente manera, "Tiene dos gigas de memoria RAM, lo que significa que puedes escuchar tu música favorita mientras usas el editor de gráficos y diseñas tu sitio web. ¡Y cada una de las aplicaciones trabajara rápidamente y sin fallas!"

Tip #90: Toca las emociones de tus prospectos. La mayoría de los clientes toman una decisión de compra basada en emociones (per después justifican la compra con lógica).

Ejemplo: ¿Piensas que el joven que está probando el auto deportivo está pensando principalmente en un beneficio lógico, por ejemplo, que el auto esta hecho por un fabricante confiable? No, el está pensando en la envidia de sus amigos y en como las personas se fijaran en su auto. Ya se puede imaginar el orgullo que sentirá.

Ahora, si tu le estas vendiendo este auto, también te enfocarías en estas cosas:

- El poder.
- La rapidez de aceleración.
- El estilo único.
- Los amigos envidiosos.

- Los extraños (especialmente las mujeres hermosas) que se quedaran admirando el auto.

Y cosas por el estilo.

Tip Extra: Una vez que tengas a tu prospecto enganchado, entonces le puedes ayudar a justificar su compra por medio de la lógica. Por ejemplo, los sorprendentemente bajos costos del seguro, la confiabilidad, la habilidad del auto para maniobrar rápidamente y evitar un accidente, etc.

De la misma manera, necesitas encontrar que es lo que tus prospectos quieren sentir cuando usen tu producto y entonces debes tocar esa emoción.

Ejemplos:
- Una chef aficionada quiere comprar un libro de cocina gourmet para poder sorprender a sus amistades en su próxima cena.

- El señor que compra un seguro se quiere sentir protegida y tener tranquilidad.

- La mujer que compra un producto de planeación de bodas se está imaginando que el día de su boda será el día más feliz de su vida - y quiere que el planeador haga que todo marche bien, simplemente perfecto.

Tip #91: Crea curiosidad acerca del producto. Piensa en la curiosidad como una picazón que tu prospecto se quiere rascar. Y la única manera de rascar esa picazón (satisfacer su curiosidad) es comprando tu producto.

Ejemplo: Joseph Sugarman (de BluBlocker Sunglasses fame) vendió una gran cantidad de BluBlockers en televisión en parte porque hizo que sus prospectos sintieran curiosidad acerca de cómo se veía el mundo a través de estos lentes. El logro esto al mostrar las reacciones de la gente cuando se ponían los lentes. Usualmente alguien que se ponía un par de lentes exclamaba, "¡oh, wow!" o "¡es increíble!"

Sugarman pudo haber sostenido un par de lentes en el lente de la cámara para que los televidentes supieran que se sentía ver con estos lentes. Pero no lo hizo. El dejo que los prospectos se quedaran con la curiosidad. Y muchos de estos prospectos curiosos se convirtieron en compradores, solo para poder satisfacer su curiosidad.

De la misma manera, debes hacer que tus prospectos sientan curiosidad por los productos. Hacer esto es fácil si es un producto de información. Solo da alguna pista sobre el "secreto" que el lector encontrara y en que pagina.

Ejemplo: "Encontraras el nombre de un ingrediente común en todas las casas que puedes rociar en tu jardín para mantener a los caracoles alejados - ¡ve a la pagina 31!"

Tip #92: Ofrece pruebas. Para los oídos de los prospectos, la página de ventas parece demasiado buena para ser verdad. Y por lo tanto el prospecto no cree en lo que el vendedor está diciendo acerca del producto. (Esto es muy común.) Esto significa que necesitas ofrecer pruebas en tus discursos de pre venta.

Tan solo el hecho de que estas ofreciendo un testimonial es una prueba, a pesar de que muchos prospectos pensaran que eres parcial. Como tal, necesitas ofrecer pruebas de otras formas, tales como:

- Estudios de caso e historias inspiracionales de usuarios reales (quizá hasta de ti mismo).

- Fotos (tales como fotos de antes y después).

- Hechos (tales como las medida para un producto de pérdida de peso).

- Videos (mostrando lo fácil que es instalar software, por ejemplo).

- Impresiones de pantalla (de una cuenta de Paypal para un producto de marketing en línea, por ejemplo).

<u>Tip #93:</u> Manejar las objeciones desde el principio. Tus prospectos también saben que el producto no es perfecto. Y si la pagina de ventas no presenta las objeciones comunes, necesitas hacerlo en tus materiales de pre venta.

<u>Ejemplo:</u> en algunos nichos encontraras personas que creen que la longitud del reporte es lo que debe determinar el precio del mismo. Así que un reporte corto debe tener un precio bajo.

¿Qué pasa si tú eres un afiliado con un reporte corto pero costoso? Necesitas levantar y manejar esta objeción, quizá diciendo algo como, "Yo sé que estas ocupado. Y esta es la razón por la que amaras este reporte. Es una guía que va al grano, sin vueltas y sin relleno para…"

Resumen Rápido

Acabas de aprender los trucos y tips de escritura que puedes usar para aumentar de manera fácil y rápida tus ingresos por afiliaciones. Enseguida veras como usar las alianzas estratégicas para poner aun más dinero de afiliadoen tu bolsillo…

Usando las Alianzas Estratégicas para Reforzar tus Ingresos

Hay dos formas principales en las que puedes usar las alianzas estratégicas para incrementar tus ingresos por afiliaciones.

Primero, puedes hacer una alianza estratégica con los dueños de productos, lo que significa que obtendrás más beneficios que los afiliados promedio.

En segundo lugar, puedes hacer alianzas estrategias con otros mercadólogos, los blogueros y editores de boletines en tu nicho pueden enviar más tráfico a tu sitio. Sigue leyendo…

Tip #94: Construye una relación primero, después propón una alianza estratégica. ¿A quién es más probable que le hagas un favor, a tu mejor amigo o a un extraño que se te aproxima en la calle? Naturalmente, escogerás a tu mejor amigo por encima del extraño.

De la misma manera, tus socios potenciales de alianzas estratégicas preferirán trabajar con amigos que con extraños. Y este es el porqué necesitas desarrollar una relación primero (y proponer una alianza estratégica después). Puedes hacer esto al conocer socios potenciales en eventos fuera de la red, participando en discusiones en fotos y blogs, y llamándoles o mandándoles un correo electrónico para comenzar un dialogo.

Tip #95: Intercambia reportes gratuitos con otros en tu nicho. Si tienes un reporte gratis que usas para "sobornar" a tus prospectos para que se unan a tu lista, puedes considerar intercambiar reportes con otro mercadologo en tu nicho. Después puedes usar este reporte como un bono no anunciado para tu lista. O si tienes productos pagados, puedes ofrecer este reporte como un bono para tus clientes que han comprado algo.

Tip #96: Intercambia contenido de blog. Puedes obtener ligas ocultas y exposición a tráfico nuevo simplemente al intercambiar contenido con otros blogueros. En otras palabras, se convierten en autores invitados en sus blogs.

Tip Extra: Si estas usando el tráfico de los motores de búsqueda para jalar visitantes a tu propio sitio, entonces asegúrate de que la liga oculta que uses en tu artículo como invitado incluya tus palabras claves como texto ancla de la liga (por ejemplo, la parte en la que se puede hacer clic en la liga).

Tip #97: **Apóyense mutuamente.** En lugar de intercambiar contenido con tus socios de alianzas estratégicas, pueden apoyarse con sus respectivos boletines y blogs. Ciertamente, este simple apoyo puede ser aun más efectivo que convertirte en un autor invitado. Y esto es debido al aspecto de "prueba social" de tener a una tercera persona confiable que te apoye en su sitio.

Tip #98: **Haz un evento en vivo con el proveedor de un producto.** En el Tip #31 sugerimos que entrevistaras al creador de un producto en un teleseminario en vivo. No tienes que limitar tus eventos en vivo a teleseminarios - también puedes hacer webinars en línea así como eventos fuera de la red.

Y lo que es más, no necesitas crear un evento "estilo entrevista." En lugar de esto, puedes crear un evento tipo seminario o "estilo taller" en donde discutas un tema "como hacer" que esté relacionado con el producto (y al final propones el producto usando tu liga de afiliado).

Ejemplo: Digamos que estas vendiendo un producto de fisicoculturismo como afiliado. Puedes hacer que el creador del producto haga un teleseminario contigo y juntos pueden enseñar un aspecto del fisicoculturismo, tal como una nutrición adecuada. Entonces propones el producto de tu invitado al final de la llamada, quizá ofreciendo a tu audiencia un descuento si actúan rápidamente.

Tip Extra: Si ofreces un descuento a las personas que están escuchando la llamada en vivo, asegúrate de editar la parte en que ofreces el descuento antes de distribuir la grabación. De otra manera, podrías tener personas que buscan el descuento incluso hasta varios años después. ☺

Tip #99: Convence a otros mercadólogos para que te entrevisten. Cuando pienses en hacer teleseminarios, probablemente pienses principalmente en entrevistar a un invitado. Pero también debes hacer que otras personas te entrevisten a ti. Simplemente hazlo como una alianza estratégica: ellos te entrevistan a ti en una llamada, tú los entrevistas a ellos en otra llamada.

La razón es simple: generalmente, las personas asumen automáticamente que la persona que está siendo entrevistada es un experto. Como tal, si ofreces entrevistas en vivo y obtienes una amplia distribución de las grabaciones en las que tu estas siendo entrevistado, la gente te vera como un experto. ¡Y esto significa más clientes y más ventas!

Tip #100: Haz una alianza estratégica con un negocio de "ladrillo y cemento." Cuando piensas en las alianzas estrategias, es probable que principalmente pienses en cosas como el intercambio de contenido, promociones de pre lanzamiento, intercambio de ligas y más actividades similares con otros mercadólogos en línea. Pero no olvides que también puedes hacer alianzas estratégicas con empresarios fuera de la red.

Ejemplo: Puedes ofrecer presentar una "platica" en una tienda de mascotas local, la cual aceptas promocionar intensamente. El dueño de la tienda de mascotas obtiene el beneficio del trafico adicional a su tienda (lo que incrementa sus ventas). Y tú obtienes el beneficio de llevar a las personas a tu blog o pagina de ventas.

Tip #101: Crea un producto de bono para tus proveedores. Atrás en este reporte aprendiste a cerca de crear contenido gratuito que puedas intercambiar con otros mercadólogos, úsalo como un producto de bono para "agregar valor" a una oferta de afiliado.

Pero aquí hay otra idea: crea un producto que complemente el producto proveedor y ofréceselo como bono o incluso como una mejora a la venta.

Ejemplo: si el proveedor ofrece un libro de dietas, tú puedes crear un libro de recetas como un producto de bono.

Es una situación ganar-ganar. El proveedor está satisfecho porque puede darle a sus consumidores más de lo que esperan con tu producto de bono. Y tú obtienes el beneficio de usar las ligas en este producto para llevar tráfico a tu blog o pagina de ventas.

Resumen Rápido

Una de las maneras más poderosas de llevar más tráfico e incrementar tus ingresos de afiliados hacer alianzas estratégicas con otros mercadólogos en tu nicho - y acabas de descubrir ocho tips sobre alianzas estratégicas para ayudarte a hacer precisamente esto.

Ahora vamos a pasar a la conclusión...

Conclusión

Felicidades: **¡Acabas de descubrir 101 magníficos tips y trucos (además de muchos extras mas) que puedes usar para llevar más trafico a tu blog de afiliado, construir tu lista y hacer dinero con tus ofertas de afiliado!**

Vamos a recapitular rápidamente los temas principales que descubriste en este reporte:

- ✓ Escogiendo tus Productos
- ✓ Creando un Canal de Ventas
- ✓ Reforzando tus Conversiones con Pre-Ventas
- ✓ Utilizando los Blogs para Obtener Comisiones mas Grandes
- ✓ Vencer a tu Competencia
- ✓ Ganar aun más Dinero con el Marketing por Afiliados
- ✓ Probar y Rastrear tus Campañas
- ✓ Usando el Contenido para Obtener el Máximo Impacto
- ✓ Creando Comunidades para Construir Relaciones
- ✓ Encontrando a sus Clientes fuera de la red
- ✓ Afilando tus Habilidades de Escritura
- ✓ Usando las Alianzas para Reforzar tu Ingreso por Afiliaciones

Y ahora, tengo un tip mas para ti. Ciertamente, este es probablemente el tip más poderoso, y que más ganancias jala en el reporte completo:

Tip de Bono: ¡Pasa a la Acción! Correcto, mientras que estos tips pueden poner dinero en tu bolsillo fácil y rápidamente, no ganaras ni un centavo si no pasas a la acción.

Y es por esto que yo sugiero que comiences de inmediato.

No la próxima semana, no el próximo mes, ni siquiera mañana. Hoy. Ahora mismo. Porque mientras más pronto empieces a poner a estos tips a trabajar para ti, ¡más rápidamente comenzaras a disfrutar de un incremento en el trafico, en las ventas de afiliados y el efectivo!

Sobre el Autor

Autor y creador de varios productos de Marketing en Internet con gran éxito en el mercado Inglés. Desde el 2009 comparte sus conocimientos con el mercado Hispano en talleres interactivos caracterizados por su estilo paso a paso para que hasta el más novato comprenda.

Sus cursos de creación de productos, optimización de negocios en línea y Marketing de Afiliados han cambiado la forma de aprender para siempre avanzar hacia el camino del éxito en línea. También dicta Coachings 1a1, ayudando a nuevos emprendedores en su despegue en línea

Especialidades:

Marketing en Internet, Lanzamientos de productos, Marketing en medios sociales, Marketing de Afiliados, Flujos y Conversión de venta.